# The Giant With A Sore Knee And Other Bilingual Spanish-English Stories for Kids

Pomme Bilingual

Published by Pomme Bilingual, 2024.

THE GIANT WITH A SORE KNEE AND OTHER BILINGUAL SPANISH-ENGLISH STORIES FOR KIDS

**First edition. July 7, 2024.**



ISBN: 979-8227098306

Written by Pomme Bilingual.

# Table of Contents


El Increíble Secreto de Don Grifote ..................................................... 1

The Incredible Secret of Mr. Grifote ................................................. 7

El Club de las Mascotas Imposibles ................................................ 13

The Impossible Pets Club .............................................................. 17

El Gran Concurso de Inventos de Pepito .......................................... 21

Pepito's Great Invention Contest .................................................... 25

El Misterio del Reloj Congelado ..................................................... 29

The Mystery of the Frozen Clock ................................................... 33

La Extraordinaria Aventura de Luis y el Conejo Parlante ......... 37

The Extraordinary Adventure of Luis and the Talking Rabbit 43

El Gigante con Dolor de Rodilla ..................................................... 49

The Giant with a Sore Knee ........................................................... 53

El Ratón Pintor y su Gran Aventura en Ratonia ........................ 57

The Painter Mouse and His Great Adventure in Ratonia ......... 61

# El Increíble Secreto de Don Grifote

En un pequeño pueblo llamado Pluvisierra, donde la lluvia siempre caía de lado y los paraguas tenían que estar diseñados como sombreros, vivía un hombre llamado Don Grifote. Era un anciano con una barba tan larga que a menudo se confundía con el felpudo de su casa. Nadie sabía mucho sobre Don Grifote, excepto que siempre llevaba una capa morada y caminaba con un bastón adornado con una pequeña figura de dragón en la punta.

Los niños del pueblo siempre estaban intrigados por Don Grifote. Había rumores de que su casa, situada al final de un sinuoso camino de piedra, estaba llena de tesoros y artefactos mágicos. Pero como todos los buenos rumores, nadie sabía si eran ciertos.

Un día, mientras llovía torrencialmente y los paraguas-sombreros luchaban por mantenerse en su lugar, tres amigos decidieron resolver el misterio de Don Grifote de una vez por todas. Ellos eran Lila, una niña con una imaginación desbordante; Miguel, quien siempre llevaba consigo su cuaderno de dibujo; y Teo, que tenía una habilidad especial para resolver acertijos.

Armados con valentía y una tarta de manzana casera (por si Don Grifote resultaba ser amistoso), los tres amigos se dirigieron a la misteriosa casa. El camino estaba resbaladizo, y más de una vez,

Miguel tuvo que salvar su cuaderno de terminar en un charco de barro.

Cuando finalmente llegaron a la puerta de Don Grifote, los recibió un suave gruñido que provenía del bastón de dragón. Los niños se miraron con ojos muy abiertos y decidieron tocar la puerta. A los pocos segundos, la puerta se abrió lentamente, revelando a Don Grifote con su capa morada ondeando ligeramente a pesar de la falta de viento.

—¿Quiénes sois y qué queréis? —gruñó Don Grifote, aunque su tono no era del todo desagradable.

Lila dio un paso adelante, sosteniendo la tarta de manzana.

—Hola, señor Grifote. Somos Lila, Miguel y Teo. Queríamos conocerlo y... bueno, trajimos una tarta.

Don Grifote arqueó una ceja y, tras unos segundos de contemplación, sonrió levemente.

—Entrad, entonces. Pero no toquéis nada, ¿entendido?

Los niños asintieron rápidamente y siguieron a Don Grifote al interior de la casa. Lo que vieron les dejó boquiabiertos. La casa de Don Grifote estaba llena de objetos curiosos: relojes antiguos que marcaban la hora al revés, mapas de lugares que solo existían en cuentos de hadas, y frascos de cristal que contenían luces titilantes.

—¿Qué son esas luces? —preguntó Miguel, apuntando a uno de los frascos.

—Luceros de la noche —respondió Don Grifote con un brillo travieso en los ojos—. Los recolecté en mis viajes por los sueños.

Los niños se miraron asombrados. Estaban llenos de preguntas, pero antes de que pudieran formular la siguiente, Don Grifote los llevó a una gran sala con un mapa extendido sobre una mesa.

—Este mapa —dijo Don Grifote—, es el mapa de los secretos. Tiene todos los misterios del mundo y más. Y necesito vuestra ayuda para resolver uno de ellos.

Los niños no podían creer su suerte. ¡Ellos, ayudando a Don Grifote a resolver un misterio! Asintieron con entusiasmo.

Don Grifote señaló una parte del mapa que brillaba en un tono dorado.

—Hay un lugar llamado Bosque de los Susurros. Se dice que quien encuentre el Árbol de las Verdades podrá desvelar cualquier secreto que desee. Pero el bosque está lleno de enigmas y peligros.

Sin pensarlo dos veces, Lila, Miguel y Teo aceptaron el desafío. Equipados con una linterna mágica que siempre mostraba el camino correcto y un par de botas saltarinas, se dirigieron al Bosque de los Susurros.

El bosque era tan misterioso como sonaba. Cada vez que daban un paso, los árboles murmuraban cosas como "Izquierda es derecha" y "El cielo está bajo tus pies". Pero los niños, con su ingenio y la ayuda de la linterna mágica, lograron avanzar.

Finalmente, llegaron a un claro donde un árbol majestuoso se alzaba con hojas doradas que susurraban suavemente.

—Ese debe ser el Árbol de las Verdades —dijo Teo, dando un paso adelante.

Cuando se acercaron, una voz profunda resonó desde el árbol.

—Para desvelar el secreto que buscáis, debéis responder a mi pregunta: ¿Qué es más valioso que el oro y no puede comprarse con dinero?

Los niños se miraron entre sí. Lila fue la primera en hablar.

—La amistad —dijo con convicción.

Las hojas del árbol brillaron intensamente y la voz del árbol habló de nuevo.

—Correcto. La amistad y la bondad son los mayores tesoros.

El Árbol de las Verdades comenzó a brillar y, ante sus ojos, se formó un pequeño pergamino. Teo lo tomó con cuidado y lo desplegó.

—Este es el secreto que buscabais —dijo el árbol—. Llevadlo a Don Grifote.

Emocionados, los niños regresaron a la casa de Don Grifote. Cuando le entregaron el pergamino, el anciano sonrió ampliamente.

—Habéis hecho algo maravilloso, niños. Este secreto ayudará a proteger Pluvisierra de cualquier peligro futuro.

Los niños se sintieron orgullosos y agradecidos por la increíble aventura que habían vivido. Desde ese día, se convirtieron en los ayudantes oficiales de Don Grifote, resolviendo misterios y aprendiendo secretos que los llenaban de asombro y alegría.

Y así, en el pequeño pueblo de Pluvisierra, donde la lluvia siempre caía de lado, la amistad y la aventura florecieron gracias al increíble secreto de Don Grifote.

# The Incredible Secret of Mr. Grifote

In a small town called Pluvisierra, where the rain always fell sideways and umbrellas had to be designed as hats, lived a man named Mr. Grifote. He was an old man with a beard so long it often got mistaken for his doormat. Nobody knew much about Mr. Grifote, except that he always wore a purple cloak and walked with a cane adorned with a small dragon figure on the tip.

The children of the town were always intrigued by Mr. Grifote. There were rumors that his house, located at the end of a winding stone path, was filled with treasures and magical artifacts. But like all good rumors, no one knew if they were true.

One day, while it was raining heavily and the umbrella-hats struggled to stay in place, three friends decided to solve the mystery of Mr. Grifote once and for all. They were Lila, a girl with an overflowing imagination; Miguel, who always carried his sketchbook with him; and Teo, who had a special talent for solving puzzles.

Armed with bravery and a homemade apple pie (in case Mr. Grifote turned out to be friendly), the three friends set off to the mysterious house. The path was slippery, and more than once, Miguel had to save his sketchbook from ending up in a mud puddle.

When they finally reached Mr. Grifote's door, they were greeted by a soft growl coming from the dragon-tipped cane. The children looked at each other with wide eyes and decided to knock on the door. Within seconds, the door opened slowly, revealing Mr. Grifote with his purple cloak fluttering slightly despite the lack of wind.

"Who are you and what do you want?" Mr. Grifote growled, though his tone was not entirely unfriendly.

Lila stepped forward, holding out the apple pie.

"Hello, Mr. Grifote. We're Lila, Miguel, and Teo. We wanted to meet you and... well, we brought a pie."

Mr. Grifote raised an eyebrow and, after a few moments of contemplation, smiled faintly.

"Come in, then. But don't touch anything, understood?"

The children quickly nodded and followed Mr. Grifote inside the house. What they saw left them speechless. Mr. Grifote's house was full of curious objects: ancient clocks that told time backwards, maps of places that only existed in fairy tales, and glass jars containing twinkling lights.

"What are those lights?" Miguel asked, pointing to one of the jars.

"Night stars," Mr. Grifote replied with a mischievous twinkle in his eye. "I collected them on my travels through dreams."

The children looked at each other in amazement. They were full of questions, but before they could ask the next one, Mr. Grifote led them to a large room with a map spread out on a table.

"This map," Mr. Grifote said, "is the map of secrets. It has all the world's mysteries and more. And I need your help to solve one of them."

The children couldn't believe their luck. They, helping Mr. Grifote solve a mystery! They nodded enthusiastically.

Mr. Grifote pointed to a part of the map that glowed in a golden hue.

"There's a place called the Whispering Forest. It's said that whoever finds the Tree of Truths can uncover any secret they desire. But the forest is full of riddles and dangers."

Without a second thought, Lila, Miguel, and Teo accepted the challenge. Equipped with a magic lantern that always showed the right path and a pair of jumping boots, they set off to the Whispering Forest.

The forest was as mysterious as it sounded. Every step they took, the trees whispered things like "Left is right" and "The sky is under your feet." But the children, with their wit and the help of the magic lantern, managed to move forward.

Finally, they reached a clearing where a majestic tree stood with golden leaves that whispered softly.

"That must be the Tree of Truths," Teo said, stepping forward.

As they approached, a deep voice resonated from the tree.

"To uncover the secret you seek, you must answer my question: What is more valuable than gold and cannot be bought with money?"

The children looked at each other. Lila was the first to speak.

"Friendship," she said with conviction.

The tree's leaves glowed intensely, and the tree's voice spoke again.

"Correct. Friendship and kindness are the greatest treasures."

The Tree of Truths began to shine, and before their eyes, a small scroll formed. Teo carefully took it and unrolled it.

"This is the secret you sought," the tree said. "Take it to Mr. Grifote."

Excited, the children returned to Mr. Grifote's house. When they handed him the scroll, the old man smiled broadly.

"You have done something wonderful, children. This secret will help protect Pluvisierra from any future danger."

The children felt proud and grateful for the incredible adventure they had experienced. From that day on, they became Mr. Grifote's official helpers, solving mysteries and learning secrets that filled them with wonder and joy.

And so, in the small town of Pluvisierra, where the rain always fell sideways, friendship and adventure flourished thanks to the incredible secret of Mr. Grifote.

# El Club de las Mascotas Imposibles

En el tranquilo barrio de Risasdelmar, donde las casas tenían techos de colores y los jardines estaban llenos de flores sonrientes, vivía una niña llamada Sofía. Sofía tenía diez años y una imaginación tan grande que a veces parecía que su cabeza iba a explotar de tantas ideas. Junto a ella vivían sus mejores amigos: Tomás, un chico con una risa contagiosa, y Clara, una niña que siempre llevaba consigo una lupa y una libreta para investigar misterios.

Un día, mientras jugaban en el parque del barrio, Sofía tuvo una idea fantástica.

—¿Qué les parece si formamos un club de mascotas imposibles? —preguntó con entusiasmo.

Tomás y Clara se miraron intrigados.

—¿Mascotas imposibles? —preguntó Tomás—. ¿Cómo qué?

—¡Como un dragón bebé, un unicornio que cambia de color o una tortuga que habla! —exclamó Sofía, saltando de emoción.

—¡Eso suena genial! —dijo Clara—. Pero, ¿dónde encontraremos mascotas así?

Sofía sonrió misteriosamente y sacó de su mochila un viejo mapa que había encontrado en el desván de su abuela. El mapa parecía llevar a un lugar llamado "El Valle de los Sueños".

—Dicen que en este valle viven las criaturas más increíbles del mundo. ¿Nos atrevemos a ir?

Sin pensarlo dos veces, los tres amigos se pusieron en marcha. Siguieron el mapa a través de campos de girasoles gigantes, cruzaron ríos de chocolate y subieron montañas de algodón de azúcar. Finalmente, después de un largo y emocionante viaje, llegaron al Valle de los Sueños.

El valle era aún más increíble de lo que imaginaban. Los árboles tenían hojas que susurraban canciones, y el aire estaba lleno de brillantes luciérnagas que formaban constelaciones en movimiento. Pero lo más sorprendente de todo eran las criaturas que habitaban allí.

—¡Miren eso! —gritó Tomás, señalando a un dragón bebé que jugaba a lanzar fuego por la boca como si fuera un juego de burbujas.

—¡Y eso! —exclamó Clara, observando un unicornio que cambiaba de color cada vez que se movía.

—Y miren allá —dijo Sofía, señalando a una tortuga sentada bajo un árbol, leyendo un libro en voz alta.

Decidieron acercarse a la tortuga, que al verlos, cerró su libro y sonrió.

—Hola, jóvenes exploradores. ¿Qué los trae al Valle de los Sueños?

—Estamos buscando mascotas imposibles para nuestro club —explicó Sofía—. ¿Podrías ayudarnos?

La tortuga, cuyo nombre era Tito, asintió con sabiduría.

—Por supuesto. Pero primero deben demostrar que tienen el corazón y la valentía para cuidar de estas criaturas especiales.

Los niños se miraron decididos. Harían cualquier cosa para formar el Club de las Mascotas Imposibles.

Tito les dio tres tareas. La primera era resolver el acertijo de la Esfinge de los Susurros, una estatua parlante que guardaba la entrada al valle. La segunda era ayudar a un ave fénix a encontrar su nido perdido. Y la tercera era recoger las hojas de los árboles cantores, que solo caían al ritmo de una canción especial.

Primero, se dirigieron a la Esfinge de los Susurros, que les lanzó el siguiente acertijo:

—Tengo ciudades, pero no casas. Tengo montañas, pero no árboles. Tengo agua, pero no peces. ¿Qué soy?

Los niños pensaron intensamente hasta que Clara, con su espíritu investigador, sonrió y respondió:

—¡Un mapa!

La esfinge sonrió y les permitió pasar.

Luego, siguieron los rastros de ceniza hasta encontrar al ave fénix, que estaba muy triste porque no podía encontrar su nido. Con la ayuda de la lupa de Clara, encontraron unas plumas brillantes que llevaban a una cueva oculta detrás de una cascada de colores. Allí estaba el nido del fénix, resplandeciendo con un calor reconfortante.

Finalmente, se dirigieron al bosque de los árboles cantores. Intentaron diferentes melodías, pero las hojas no caían. Entonces, Sofía recordó una canción de cuna que su abuela solía cantar. Al entonarla, las hojas comenzaron a caer suavemente al suelo.

Regresaron donde Tito con las hojas en la mano y una gran sonrisa en el rostro. La tortuga los miró con orgullo.

—Han demostrado tener el corazón y la valentía para cuidar de las mascotas imposibles. Ahora, elijan a sus nuevos amigos.

Sofía, Tomás y Clara se acercaron a las criaturas. Sofía eligió al dragón bebé, a quien llamó Chispa. Tomás se hizo amigo del unicornio cambiante, al que nombró Arcoiris. Y Clara adoptó a la tortuga lectora, a quien llamaron Sabio.

Regresaron a Risasdelmar con sus nuevas mascotas y fundaron el Club de las Mascotas Imposibles. El club se convirtió en la sensación del barrio. Todos querían conocer a Chispa, Arcoiris y Sabio. Pero más que eso, todos querían ser parte de las aventuras que estos increíbles amigos traían consigo.

Desde entonces, cada día en Risasdelmar estaba lleno de magia y risas, gracias a Sofía, Tomás, Clara y sus increíbles mascotas imposibles.

# The Impossible Pets Club

In the quiet neighborhood of Risasdelmar, where houses had colorful roofs and gardens were full of smiling flowers, lived a girl named Sofia. Sofia was ten years old and had an imagination so big that sometimes it seemed like her head would explode from so many ideas. Alongside her lived her best friends: Tomas, a boy with a contagious laugh, and Clara, a girl who always carried a magnifying glass and a notebook to investigate mysteries.

One day, while playing in the neighborhood park, Sofia had a fantastic idea.

"How about we start a club for impossible pets?" she asked excitedly.

Tomas and Clara looked intrigued.

"Impossible pets?" Tomas asked. "Like what?"

"Like a baby dragon, a color-changing unicorn, or a talking turtle!" Sofia exclaimed, jumping with excitement.

"That sounds great!" Clara said. "But where will we find pets like that?"

Sofia smiled mysteriously and pulled out an old map from her backpack that she had found in her grandmother's attic. The map seemed to lead to a place called "The Valley of Dreams."

"They say the most incredible creatures in the world live in this valley. Shall we dare to go?"

Without a second thought, the three friends set off. They followed the map through fields of giant sunflowers, crossed rivers of chocolate, and climbed mountains of cotton candy. Finally, after a long and exciting journey, they reached the Valley of Dreams.

The valley was even more incredible than they imagined. The trees had leaves that whispered songs, and the air was filled with glowing fireflies forming moving constellations. But the most surprising thing of all was the creatures that lived there.

"Look at that!" Tomas shouted, pointing at a baby dragon playing with fire like it was a bubble game.

"And that!" Clara exclaimed, watching a unicorn that changed color every time it moved.

"And look over there," Sofia said, pointing at a turtle sitting under a tree, reading a book out loud.

They decided to approach the turtle, who, upon seeing them, closed its book and smiled.

"Hello, young explorers. What brings you to the Valley of Dreams?"

"We're looking for impossible pets for our club," Sofia explained. "Can you help us?"

The turtle, whose name was Tito, nodded wisely.

"Of course. But first, you must prove that you have the heart and bravery to care for these special creatures."

The children looked at each other determinedly. They would do anything to form the Impossible Pets Club.

Tito gave them three tasks. The first was to solve the riddle of the Whispering Sphinx, a talking statue guarding the entrance to the valley. The second was to help a phoenix find its lost nest. And the third was to collect leaves from the singing trees, which only fell to the rhythm of a special song.

First, they went to the Whispering Sphinx, who gave them the following riddle:

"I have cities, but no houses. I have mountains, but no trees. I have water, but no fish. What am I?"

The children thought intensely until Clara, with her investigative spirit, smiled and answered:

"A map!"

The sphinx smiled and let them pass.

Then, they followed ash trails until they found the phoenix, who was very sad because it couldn't find its nest. With Clara's magnifying glass, they found some bright feathers leading to a hidden cave behind a colorful waterfall. There was the phoenix's nest, glowing with a comforting warmth.

Finally, they headed to the forest of the singing trees. They tried different melodies, but the leaves didn't fall. Then Sofia remembered a lullaby her grandmother used to sing. As she sang it, the leaves began to fall gently to the ground.

They returned to Tito with the leaves in hand and a big smile on their faces. The turtle looked at them proudly.

"You have shown that you have the heart and bravery to care for impossible pets. Now, choose your new friends."

Sofia, Tomas, and Clara approached the creatures. Sofia chose the baby dragon, naming him Spark. Tomas befriended the color-changing unicorn, naming him Rainbow. And Clara adopted the reading turtle, whom they called Wise.

They returned to Risasdelmar with their new pets and founded the Impossible Pets Club. The club became the sensation of the neighborhood. Everyone wanted to meet Spark, Rainbow, and Wise. But more than that, everyone wanted to be part of the adventures these incredible friends brought with them.

From then on, every day in Risasdelmar was full of magic and laughter, thanks to Sofia, Tomas, Clara, and their incredible impossible pets.

# El Gran Concurso de Inventos de Pepito

En el pequeño pueblo de Risueñavilla, donde las casas eran tan coloridas como un arco iris y los perros caminaban sobre dos patas para impresionar a los turistas, vivía un niño llamado Pepito. Pepito no era un niño común y corriente; tenía una mente llena de ideas brillantes y un taller en su garaje donde creaba todo tipo de inventos.

Un día, la alcaldesa del pueblo, la Señora Lucía, decidió organizar un concurso de inventos para celebrar el aniversario de Risueñavilla. El anuncio se hizo en la plaza principal, y los niños de todo el pueblo se emocionaron.

—¡Un concurso de inventos! —gritó Pepito, saltando de alegría—. ¡Es mi oportunidad de mostrarle al mundo mis creaciones!

Pepito corrió a casa y se encerró en su taller. Tenía una semana para inventar algo asombroso. Con su gato, Gatillo, como su único espectador, empezó a trabajar. Probó con una máquina de helados automáticos, pero se descontroló y cubrió todo el taller con helado de fresa. Luego, intentó crear un robot limpiador, pero terminó desarmándose y lanzando tuercas por todos lados.

A medida que se acercaba la fecha del concurso, Pepito empezó a preocuparse. Nada de lo que hacía parecía funcionar. Una tarde, mientras descansaba bajo un árbol, vio cómo los niños del pueblo jugaban y reían juntos. Fue entonces cuando tuvo una idea brillante.

—¡Eso es! —exclamó—. ¡Voy a crear algo que haga que todos en el pueblo se diviertan juntos!

Esa noche, Pepito trabajó sin descanso. Gatillo observaba curioso mientras su dueño ensamblaba piezas, conectaba cables y ajustaba tuercas. Finalmente, el día del concurso llegó. La plaza principal estaba decorada con globos y serpentinas, y una gran mesa estaba lista para exhibir los inventos.

Los niños llegaron uno a uno con sus creaciones. Había una bicicleta que podía andar sobre el agua, un paraguas que lanzaba caramelos y un sombrero que hacía desaparecer a quien lo usara. Pero el invento de Pepito estaba cubierto con una tela para mantenerlo en secreto hasta el último momento.

La Señora Lucía, con su sombrero de flores y una gran sonrisa, tomó el micrófono.

—Bienvenidos al Gran Concurso de Inventos de Risueñavilla. Estamos ansiosos por ver las maravillosas creaciones de nuestros talentosos niños. ¡Que comience la exhibición!

Uno a uno, los niños mostraron sus inventos. La bicicleta acuática impresionó a todos, el paraguas de caramelos hizo reír a la audiencia y el sombrero desaparecedor dejó a todos boquiabiertos. Finalmente, llegó el turno de Pepito.

Pepito se acercó a la mesa con Gatillo siguiendo sus pasos. Con un movimiento dramático, quitó la tela que cubría su invento.

Ante los ojos de todos, apareció una estructura extraña, llena de botones, palancas y luces intermitentes.

—Damas y caballeros, les presento... ¡El Diversionador 3000! —anunció Pepito con orgullo.

La multitud murmuró curiosa mientras Pepito explicaba su invento.

—El Diversionador 3000 es una máquina diseñada para que todos en el pueblo se diviertan juntos. Tiene juegos interactivos, música y luces de colores. ¡Incluso Gatillo puede participar!

Pepito presionó un botón, y la máquina cobró vida. Luces brillantes empezaron a parpadear, una melodía alegre comenzó a sonar y varios juegos se desplegaron: una pantalla para juegos de adivinanzas, un tablero de memoria y una rueda de la fortuna.

Los niños del pueblo se acercaron emocionados. Pronto, todos estaban jugando, riendo y disfrutando del Diversionador 3000. Gatillo incluso logró atrapar un ratón de juguete que salía de la máquina.

La Señora Lucía observó con una sonrisa, satisfecha de ver a los niños tan felices. Cuando llegó el momento de anunciar al ganador, la elección fue unánime.

—El primer premio del Gran Concurso de Inventos de Risueñavilla es para... ¡Pepito y su Diversionador 3000!

La multitud aplaudió mientras Pepito, sonrojado y feliz, aceptaba su trofeo. Era un gran día para Risueñavilla, pero sobre todo, era un gran día para Pepito, quien había demostrado que los mejores inventos son los que traen felicidad a los demás.

# Pepito's Great Invention Contest

In the small town of Risueñavilla, where houses were as colorful as a rainbow and dogs walked on two legs to impress tourists, lived a boy named Pepito. Pepito was not an ordinary boy; he had a mind full of brilliant ideas and a workshop in his garage where he created all sorts of inventions.

One day, the town's mayor, Mrs. Lucia, decided to organize an invention contest to celebrate Risueñavilla's anniversary. The announcement was made in the main square, and children all over town got excited.

"An invention contest!" Pepito shouted, jumping for joy. "It's my chance to show the world my creations!"

Pepito ran home and locked himself in his workshop. He had a week to invent something amazing. With his cat, Gatillo, as his only audience, he began to work. He tried making an automatic ice cream machine, but it went haywire and covered the entire workshop with strawberry ice cream. Then he attempted to create a cleaning robot, but it ended up falling apart and throwing nuts and bolts everywhere.

As the contest date approached, Pepito started to worry. Nothing he made seemed to work. One afternoon, while resting under a tree, he watched the children of the town playing and laughing together. That's when he had a brilliant idea.

"That's it!" he exclaimed. "I'll create something that makes everyone in town have fun together!"

That night, Pepito worked tirelessly. Gatillo watched curiously as his owner assembled pieces, connected wires, and tightened screws. Finally, the day of the contest arrived. The main square was decorated with balloons and streamers, and a large table was set up to display the inventions.

The children arrived one by one with their creations. There was a bicycle that could ride on water, an umbrella that shot out candies, and a hat that made whoever wore it disappear. But Pepito's invention was covered with a cloth to keep it a secret until the last moment.

Mrs. Lucia, with her flower hat and a big smile, took the microphone.

"Welcome to Risueñavilla's Great Invention Contest. We are eager to see the wonderful creations of our talented children. Let the exhibition begin!"

One by one, the children showed their inventions. The aquatic bicycle impressed everyone, the candy umbrella made the audience laugh, and the disappearing hat left everyone amazed. Finally, it was Pepito's turn.

Pepito approached the table with Gatillo following close behind. With a dramatic gesture, he removed the cloth covering his invention. Before everyone's eyes appeared a strange structure, full of buttons, levers, and flashing lights.

"Ladies and gentlemen, I present to you... The Fun Machine 3000!" Pepito announced proudly.

The crowd murmured curiously as Pepito explained his invention.

"The Fun Machine 3000 is a machine designed for everyone in town to have fun together. It has interactive games, music, and colorful lights. Even Gatillo can participate!"

Pepito pressed a button, and the machine came to life. Bright lights started flashing, a cheerful melody began to play, and several games unfolded: a screen for guessing games, a memory board, and a wheel of fortune.

The children of the town approached excitedly. Soon, everyone was playing, laughing, and enjoying the Fun Machine 3000. Gatillo even managed to catch a toy mouse that popped out of the machine.

Mrs. Lucia watched with a smile, pleased to see the children so happy. When it was time to announce the winner, the choice was unanimous.

"The first prize of Risueñavilla's Great Invention Contest goes to... Pepito and his Fun Machine 3000!"

The crowd cheered as Pepito, blushing and happy, accepted his trophy. It was a great day for Risueñavilla, but most of all, it was a great day for Pepito, who had shown that the best inventions are the ones that bring joy to others.

# El Misterio del Reloj Congelado

En el pintoresco pueblo de Villacrónica, donde las calles parecían sacadas de un cuento de hadas y las chimeneas siempre soltaban humo en espiral, vivía una niña llamada Clara. Clara era conocida por su gran curiosidad y su habilidad para resolver misterios, tanto que sus amigos la llamaban "Clara la Detective".

Un día, algo muy extraño ocurrió en Villacrónica: el gran reloj de la plaza principal se detuvo de repente a las doce en punto, y nadie sabía por qué. El reloj, que había estado funcionando perfectamente durante más de cien años, de repente dejó de moverse. Los aldeanos estaban desconcertados y preocupados. Sin el reloj, no sabían cuándo era la hora de ir a la escuela, de abrir sus tiendas o de cenar.

—¡Esto es un misterio para Clara la Detective! —exclamó el señor Gómez, el panadero, mientras repartía sus croissants.

Clara, siempre lista para una nueva aventura, se puso su sombrero de detective y tomó su lupa.

—No se preocupen, amigos. ¡Voy a descubrir qué pasó con el reloj!

Primero, Clara decidió investigar el reloj de cerca. Subió a la torre del reloj con la ayuda del señor Herrera, el carpintero del pueblo. Una vez arriba, Clara examinó los engranajes y las manecillas.

—Parece que todo está en su lugar —murmuró Clara—. No hay piezas rotas ni cables desconectados. ¿Qué podría haber detenido el reloj?

Mientras Clara investigaba, una suave brisa sopló a través de la torre, llevándose consigo una pequeña nota que había estado atrapada entre los engranajes. Clara la atrapó al vuelo y la leyó en voz alta.

—"El tiempo se detendrá hasta que el antiguo hechizo se rompa. Busca en la biblioteca del sabio anciano, allí encontrarás la respuesta."

Clara frunció el ceño. Esto se estaba poniendo interesante. Decidió visitar la antigua biblioteca del sabio anciano, Don Julián, que vivía en una casita llena de libros al borde del bosque.

Al llegar, Don Julián la recibió con una sonrisa.

—Clara, querida, ¿qué te trae por aquí?

—Don Julián, necesito su ayuda. El reloj de la plaza se ha detenido y encontré esta nota que habla de un hechizo antiguo. ¿Podría tener algún libro que explique esto?

Don Julián la llevó a una sección polvorienta de su biblioteca y sacó un libro viejo con una portada de cuero desgastada.

—Este es el "Libro de los Hechizos Olvidados". Tal vez encuentres algo útil aquí.

Clara hojeó el libro con cuidado. Encontró una página que hablaba sobre un hechizo de congelación del tiempo que había sido usado para proteger secretos antiguos. Según el libro, el hechizo solo podía ser roto con el "Reloj de las Estaciones", un artefacto mágico que se encontraba en la cueva del Dragón de Hielo, en lo alto de la Montaña Nevada.

Sin perder tiempo, Clara agradeció a Don Julián y se dirigió a la Montaña Nevada. Sabía que el viaje sería largo y peligroso, así que llevó consigo una mochila con provisiones, su fiel lupa y, por supuesto, a su perro Max, que siempre la acompañaba en sus aventuras.

Después de una caminata agotadora, Clara y Max llegaron a la entrada de la cueva del Dragón de Hielo. La cueva era oscura y fría, y Clara podía ver su aliento transformarse en pequeñas nubes de vapor. Con Max a su lado, Clara avanzó con cautela.

En el fondo de la cueva, encontraron al Dragón de Hielo, una majestuosa criatura con escamas brillantes como diamantes y ojos azules que reflejaban sabiduría antigua. Clara, con el corazón latiendo rápido, se acercó lentamente.

—Gran Dragón de Hielo —dijo con voz firme pero respetuosa—, vengo en busca del Reloj de las Estaciones para romper el hechizo que ha detenido el reloj de mi pueblo.

El Dragón de Hielo la observó con interés.

—Solo aquellos con un corazón puro y una mente clara pueden llevarse el Reloj de las Estaciones. Debes resolver mi acertijo para demostrar tu valía.

Clara asintió, preparada para el desafío.

—Escucha bien —dijo el dragón—: Vuelo sin alas, lloro sin ojos. ¿Qué soy?

Clara pensó intensamente. Max, a su lado, parecía casi contener el aliento. Finalmente, una sonrisa se dibujó en su rostro.

—¡El viento! —exclamó Clara—. El viento vuela sin alas y llora sin ojos.

El Dragón de Hielo sonrió y asintió.

—Has demostrado tu valía, joven detective. El Reloj de las Estaciones es tuyo.

Con un movimiento de su garra, el dragón reveló un pequeño reloj dorado decorado con símbolos de las cuatro estaciones. Clara lo tomó con cuidado y agradeció al dragón antes de emprender el viaje de regreso a Villacrónica.

Al llegar a la plaza, Clara colocó el Reloj de las Estaciones junto al gran reloj detenido. Al instante, una luz brillante emanó de ambos relojes y el tiempo comenzó a moverse de nuevo. Los aldeanos, maravillados, aplaudieron a Clara y a Max.

La señora Gómez, con lágrimas de alegría, abrazó a Clara.

—¡Lo lograste, Clara! ¡Has salvado nuestro pueblo!

Desde aquel día, Clara fue reconocida como la heroína de Villacrónica. Su valentía y determinación habían roto el hechizo y restaurado el orden en el pueblo. Y así, Clara y Max continuaron viviendo aventuras, siempre listos para resolver el próximo misterio que se cruzara en su camino.

# The Mystery of the Frozen Clock

In the picturesque village of Villacrónica, where the streets looked like they came out of a fairy tale and chimneys always released spiral smoke, lived a girl named Clara. Clara was known for her great curiosity and her ability to solve mysteries, so much so that her friends called her "Clara the Detective."

One day, something very strange happened in Villacrónica: the big clock in the main square suddenly stopped at twelve o'clock, and no one knew why. The clock, which had been running perfectly for over a hundred years, suddenly stopped moving. The villagers were puzzled and worried. Without the clock, they didn't know when it was time to go to school, open their shops, or have dinner.

"This is a mystery for Clara the Detective!" exclaimed Mr. Gómez, the baker, while handing out his croissants.

Clara, always ready for a new adventure, put on her detective hat and grabbed her magnifying glass.

"Don't worry, friends. I'll find out what happened to the clock!"

First, Clara decided to investigate the clock up close. She climbed the clock tower with the help of Mr. Herrera, the town carpenter. Once at the top, Clara examined the gears and hands.

"Everything seems to be in place," Clara murmured. "There are no broken parts or disconnected wires. What could have stopped the clock?"

As Clara investigated, a soft breeze blew through the tower, carrying away a small note that had been trapped between the gears. Clara caught it mid-air and read it aloud.

"Time will stop until the ancient spell is broken. Look in the library of the wise old man, there you will find the answer."

Clara frowned. This was getting interesting. She decided to visit the old library of the wise old man, Don Julian, who lived in a little house full of books at the edge of the forest.

Upon arriving, Don Julian greeted her with a smile.

"Clara, dear, what brings you here?"

"Don Julian, I need your help. The clock in the square has stopped, and I found this note talking about an ancient spell. Do you have a book that might explain this?"

Don Julian led her to a dusty section of his library and pulled out an old book with a worn leather cover.

"This is the 'Book of Forgotten Spells.' You might find something useful here."

Clara carefully leafed through the book. She found a page that talked about a time-freezing spell used to protect ancient secrets. According to the book, the spell could only be broken with the "Clock of the Seasons," a magical artifact located in the Ice Dragon's cave, high up in the Snowy Mountain.

Without wasting any time, Clara thanked Don Julian and headed to the Snowy Mountain. She knew the journey would be long and dangerous, so she brought a backpack with provisions, her trusty magnifying glass, and, of course, her dog Max, who always accompanied her on her adventures.

After an exhausting hike, Clara and Max reached the entrance of the Ice Dragon's cave. The cave was dark and cold, and Clara could see her breath forming small clouds of vapor. With Max by her side, Clara advanced cautiously.

At the back of the cave, they found the Ice Dragon, a majestic creature with scales that glittered like diamonds and blue eyes reflecting ancient wisdom. Clara, with her heart pounding fast, approached slowly.

"Great Ice Dragon," she said firmly but respectfully, "I come seeking the Clock of the Seasons to break the spell that has stopped the clock in my village."

The Ice Dragon observed her with interest.

"Only those with a pure heart and a clear mind can take the Clock of the Seasons. You must solve my riddle to prove your worth."

Clara nodded, ready for the challenge.

"Listen carefully," said the dragon. "I fly without wings, I cry without eyes. What am I?"

Clara thought intensely. Max, beside her, seemed to hold his breath. Finally, a smile appeared on her face.

"The wind!" Clara exclaimed. "The wind flies without wings and cries without eyes."

The Ice Dragon smiled and nodded.

"You have proven your worth, young detective. The Clock of the Seasons is yours."

With a sweep of his claw, the dragon revealed a small golden clock decorated with symbols of the four seasons. Clara took it carefully and thanked the dragon before beginning the journey back to Villacrónica.

Upon arriving at the square, Clara placed the Clock of the Seasons next to the stopped big clock. Instantly, a bright light emanated from both clocks, and time began to move again. The villagers, amazed, applauded Clara and Max.

Mrs. Gómez, with tears of joy, hugged Clara.

"You did it, Clara! You saved our village!"

From that day on, Clara was recognized as the heroine of Villacrónica. Her bravery and determination had broken the spell and restored order in the village. And so, Clara and Max continued living adventures, always ready to solve the next mystery that crossed their path.

# La Extraordinaria Aventura de Luis y el Conejo Parlante

En el tranquilo pueblo de Tranquilandia, donde las calles eran empedradas y los jardines siempre estaban llenos de flores, vivía un niño llamado Luis. Luis era un niño curioso, con una imaginación tan grande que a veces era difícil distinguir entre sus fantasías y la realidad.

Un día, mientras jugaba en el parque, Luis notó algo muy peculiar. Entre los arbustos, algo se movía y no era ni un perro ni un gato. Decidió investigar y, para su sorpresa, encontró un conejo blanco, pero no era un conejo cualquiera. Este conejo llevaba un chaleco y una pajarita, y antes de que Luis pudiera reaccionar, el conejo habló.

—¡Hola! Soy Maximus, el Conejo Parlante. ¿Y tú quién eres?

Luis, asombrado y sin poder creer lo que veía y oía, respondió:

—Soy Luis. ¿De verdad eres un conejo que habla?

—Por supuesto —dijo Maximus, ajustándose la pajarita—. Y estoy en una misión muy importante. Necesito encontrar la Llave del Tiempo antes de que el reloj de la Torre Vieja marque la medianoche. Si no lo hago, todo Tranquilandia quedará atrapado en el tiempo.

Luis, emocionado ante la perspectiva de una aventura, decidió ayudar a Maximus.

—¿Cómo puedo ayudarte, Maximus?

—Necesitamos reunir tres objetos mágicos que nos permitirán acceder a la Llave del Tiempo —explicó Maximus—. Primero, debemos encontrar el Cristal de la Claridad, que está escondido en el Bosque Encantado. Luego, el Rubí del Valor, que se encuentra en la Cueva del Dragón. Y finalmente, la Pluma de la Sabiduría, que está en el Nido del Águila Dorada.

Luis y Maximus comenzaron su aventura dirigiéndose al Bosque Encantado. Al llegar, se encontraron con un bosque lleno de árboles altísimos y flores que parecían susurrar secretos. Maximus explicó que el Cristal de la Claridad estaba en lo más profundo del bosque, protegido por un espíritu guardián.

—Debemos mostrarle al espíritu guardián que nuestras intenciones son puras —dijo Maximus.

Luis y Maximus caminaron hasta llegar a un claro donde un árbol antiguo y majestuoso se erguía. De repente, una figura etérea apareció ante ellos. Era el espíritu guardián del bosque.

—¿Qué buscan en mi bosque? —preguntó el espíritu con una voz profunda y resonante.

—Buscamos el Cristal de la Claridad para salvar a Tranquilandia —respondió Luis con valentía.

El espíritu los observó por un momento y luego sonrió.

—Veo que sus corazones son puros. Pueden tomar el cristal.

Con un gesto de su mano, el espíritu reveló un cristal brillante escondido en el tronco del árbol. Luis lo tomó cuidadosamente y agradeció al espíritu.

Con el Cristal de la Claridad en su poder, Luis y Maximus se dirigieron a la Cueva del Dragón para encontrar el Rubí del Valor. La cueva era oscura y misteriosa, y Luis podía escuchar el eco de sus pasos en las paredes de piedra. Al fondo de la cueva, encontraron al Dragón de Fuego, una criatura imponente con escamas rojas y ojos que parecían brasas.

—¿Quién se atreve a entrar en mi cueva? —rugió el dragón.

Luis, aunque asustado, dio un paso adelante.

—Necesitamos el Rubí del Valor para salvar nuestro pueblo. Por favor, déjanos llevarlo.

El dragón observó a Luis con interés.

—El Rubí del Valor solo puede ser reclamado por aquellos que demuestran verdadero valor. Debes superar una prueba para demostrar tu coraje.

El dragón les indicó una puerta oculta en la cueva que conducía a un laberinto lleno de trampas y desafíos. Luis y Maximus se adentraron en el laberinto, enfrentando obstáculos y mostrando valentía en cada paso. Finalmente, llegaron al centro del laberinto, donde el Rubí del Valor brillaba intensamente.

Con el rubí en sus manos, Luis y Maximus salieron del laberinto y el dragón, impresionado por su valentía, los dejó ir.

—Han demostrado ser valientes. Pueden llevarse el rubí —dijo el dragón.

Finalmente, Luis y Maximus se dirigieron al Nido del Águila Dorada para encontrar la Pluma de la Sabiduría. El nido estaba en la cima de una montaña alta y escarpada. La subida fue agotadora, pero Luis no se rindió. Al llegar a la cima, encontraron al Águila Dorada, una majestuosa ave con plumas doradas que brillaban al sol.

—Buscamos la Pluma de la Sabiduría para salvar a nuestro pueblo —explicó Luis.

El Águila Dorada los observó con ojos penetrantes.

—La sabiduría no se da, se gana. Deben responder a mi acertijo para probar que son dignos de recibir la pluma.

El águila les planteó un acertijo: "Tengo ciudades, pero no casas; tengo montañas, pero no árboles; tengo agua, pero no peces. ¿Qué soy?"

Luis reflexionó por un momento y luego respondió con confianza:

—¡Eres un mapa!

El Águila Dorada sonrió y asintió.

—Has demostrado sabiduría. Toma esta pluma.

Con la Pluma de la Sabiduría en su poder, Luis y Maximus descendieron la montaña y regresaron a Tranquilandia justo a tiempo. Colocaron los tres objetos mágicos en la Torre Vieja y, al hacerlo, una luz brillante iluminó todo el pueblo. El reloj de la torre comenzó a moverse nuevamente, y el tiempo se restauró.

Los aldeanos, maravillados, se reunieron alrededor de Luis y Maximus, agradeciéndoles por su valentía y esfuerzo. Luis se sintió orgulloso de haber ayudado a salvar a su pueblo.

Desde aquel día, Luis y Maximus fueron conocidos como los héroes de Tranquilandia. Su amistad se hizo más fuerte y siguieron viviendo muchas aventuras juntos, siempre listos para enfrentar cualquier desafío que se les presentara.

Y así, en el tranquilo pueblo de Tranquilandia, la vida continuó llena de risas, magia y, por supuesto, las extraordinarias aventuras de Luis y su amigo, el Conejo Parlante Maximus.

# The Extraordinary Adventure of Luis and the Talking Rabbit

In the peaceful town of Tranquilandia, where the streets were cobbled and the gardens always full of flowers, lived a boy named Luis. Luis was a curious boy, with an imagination so vast that sometimes it was hard to distinguish between his fantasies and reality.

One day, while playing in the park, Luis noticed something very peculiar. Among the bushes, something was moving, and it was neither a dog nor a cat. He decided to investigate and, to his surprise, found a white rabbit, but it wasn't just any rabbit. This rabbit wore a vest and a bow tie, and before Luis could react, the rabbit spoke.

"Hello! I'm Maximus, the Talking Rabbit. Who are you?"

Luis, astonished and unable to believe what he was seeing and hearing, replied:

"I'm Luis. Are you really a talking rabbit?"

"Of course," said Maximus, adjusting his bow tie. "And I'm on a very important mission. I need to find the Key of Time before the clock in the Old Tower strikes midnight. If I don't, all of Tranquilandia will be trapped in time."

Luis, excited at the prospect of an adventure, decided to help Maximus.

"How can I help you, Maximus?"

"We need to gather three magical objects that will allow us to access the Key of Time," explained Maximus. "First, we must find the Crystal of Clarity, which is hidden in the Enchanted Forest. Then, the Ruby of Valor, which is located in the Dragon's Cave. And finally, the Feather of Wisdom, which is in the Golden Eagle's Nest."

Luis and Maximus began their adventure by heading to the Enchanted Forest. Upon arrival, they found a forest full of towering trees and flowers that seemed to whisper secrets. Maximus explained that the Crystal of Clarity was deep within the forest, protected by a guardian spirit.

"We must show the guardian spirit that our intentions are pure," said Maximus.

Luis and Maximus walked until they reached a clearing where an ancient and majestic tree stood. Suddenly, an ethereal figure appeared before them. It was the forest's guardian spirit.

"What do you seek in my forest?" asked the spirit in a deep, resonant voice.

"We seek the Crystal of Clarity to save Tranquilandia," replied Luis bravely.

The spirit observed them for a moment and then smiled.

"I see that your hearts are pure. You may take the crystal."

With a gesture of his hand, the spirit revealed a shining crystal hidden in the trunk of the tree. Luis carefully took it and thanked the spirit.

With the Crystal of Clarity in their possession, Luis and Maximus headed to the Dragon's Cave to find the Ruby of Valor. The cave was dark and mysterious, and Luis could hear the echo of his footsteps on the stone walls. At the back of the cave, they found the Fire Dragon, an imposing creature with red scales and eyes that looked like embers.

"Who dares enter my cave?" roared the dragon.

Luis, though scared, stepped forward.

"We need the Ruby of Valor to save our town. Please let us take it."

The dragon observed Luis with interest.

"The Ruby of Valor can only be claimed by those who show true bravery. You must pass a test to prove your courage."

The dragon pointed to a hidden door in the cave that led to a labyrinth full of traps and challenges. Luis and Maximus entered the labyrinth, facing obstacles and showing bravery at every step. Finally, they reached the center of the labyrinth, where the Ruby of Valor shone brightly.

With the ruby in their hands, Luis and Maximus exited the labyrinth, and the dragon, impressed by their courage, let them go.

"You have shown great bravery. You may take the ruby," said the dragon.

Finally, Luis and Maximus headed to the Golden Eagle's Nest to find the Feather of Wisdom. The nest was on top of a high, steep mountain. The climb was exhausting, but Luis did not give up. Upon reaching the summit, they found the Golden Eagle, a majestic bird with golden feathers that shone in the sun.

"We seek the Feather of Wisdom to save our town," explained Luis.

The Golden Eagle observed them with piercing eyes.

"Wisdom is not given; it is earned. You must answer my riddle to prove that you are worthy of receiving the feather."

The eagle posed a riddle: "I have cities but no houses; I have mountains but no trees; I have water but no fish. What am I?"

Luis pondered for a moment and then confidently replied:

"You are a map!"

The Golden Eagle smiled and nodded.

"You have shown wisdom. Take this feather."

With the Feather of Wisdom in their possession, Luis and Maximus descended the mountain and returned to Tranquilandia just in time. They placed the three magical objects in the Old Tower, and as they did, a bright light illuminated the entire town. The tower clock began to move again, and time was restored.

The villagers, amazed, gathered around Luis and Maximus, thanking them for their bravery and effort. Luis felt proud to have helped save his town.

From that day on, Luis and Maximus were known as the heroes of Tranquilandia. Their friendship grew stronger, and they continued to live many adventures together, always ready to face any challenge that came their way.

And so, in the peaceful town of Tranquilandia, life continued full of laughter, magic, and, of course, the extraordinary adventures of Luis and his friend, the Talking Rabbit Maximus.

# El Gigante con Dolor de Rodilla

En el pacífico pueblo de Pequeñolandia, donde las casas eran diminutas y los campos se extendían hasta donde alcanzaba la vista, vivía un gigante llamado Gustavo. Gustavo no era un gigante común y corriente; era amable, gentil y le encantaba ayudar a los habitantes de Pequeñolandia con tareas que para él eran simples pero que para los demás eran imposibles, como recoger manzanas de los árboles más altos o levantar rocas enormes.

Sin embargo, un día Gustavo empezó a tener un problema. Mientras caminaba por el bosque, sintió un dolor agudo en la rodilla derecha. Al principio, pensó que era algo temporal, pero el dolor no desapareció. Peor aún, se intensificó. Gustavo empezó a cojear y le resultaba difícil moverse. Los habitantes de Pequeñolandia se preocuparon mucho, ya que Gustavo era su amigo y protector.

Una mañana, la pequeña Ana, una niña valiente y curiosa, decidió que algo tenía que hacerse. Se puso su gorra de aventurera, tomó su mochila y se dirigió a la cueva de Gustavo.

—¡Hola, Gustavo! —dijo Ana con su voz alegre—. He venido a ayudarte con tu rodilla.

Gustavo, con una mueca de dolor en el rostro, sonrió al ver a Ana.

—Gracias, Ana. He intentado de todo, pero nada parece funcionar. No puedo ni caminar sin sentir un dolor terrible.

Ana pensó por un momento y luego tuvo una idea.

—Gustavo, ¿te gustaría acompañarme a ver a la Bruja Buena del Bosque? Ella es muy sabia y tal vez tenga un remedio para tu rodilla.

Gustavo, aunque algo reacio al principio debido al dolor, aceptó. Ana y Gustavo se pusieron en marcha hacia el Bosque Encantado, donde vivía la Bruja Buena. El camino fue difícil para Gustavo, pero la compañía de Ana le daba fuerzas.

Al llegar al Bosque Encantado, encontraron la casita de la Bruja Buena, rodeada de flores mágicas que brillaban con luz propia. Ana llamó a la puerta y, después de unos momentos, apareció una anciana con una sonrisa cálida.

—¡Ana, querida! ¿Qué te trae por aquí? —preguntó la Bruja Buena.

—Bruja Buena, hemos venido por ayuda. Gustavo tiene un dolor terrible en la rodilla y no sabemos qué hacer.

La Bruja Buena observó a Gustavo con atención y luego asintió con la cabeza.

—Entiendo. Pasen, por favor.

Dentro de la acogedora casita, la Bruja Buena empezó a buscar entre sus frascos y libros antiguos. Finalmente, sacó un libro polvoriento titulado "Remedios para Gigantes". Lo abrió en una página específica y comenzó a leer en voz alta.

—Para sanar la rodilla de un gigante, se necesita un ungüento especial hecho de tres ingredientes raros: el musgo de las montañas, la miel de las abejas doradas y una lágrima del Dragón Azul.

Ana, siempre lista para una aventura, se ofreció inmediatamente.

—¡Nosotros conseguiremos esos ingredientes!

La Bruja Buena sonrió y les dio un mapa detallado de dónde encontrar cada uno de los ingredientes. Ana y Gustavo emprendieron su viaje sin perder tiempo.

Primero, se dirigieron a las montañas para encontrar el musgo especial. Las montañas eran altas y escarpadas, pero Gustavo, a pesar del dolor, logró trepar con la ayuda de Ana. Encontraron el musgo brillando en una roca y lo recogieron cuidadosamente.

Luego, se dirigieron al prado donde vivían las abejas doradas. Las abejas eran enormes y su miel era famosa por sus propiedades curativas. Ana, con mucho cuidado, se acercó a una colmena y pidió permiso a las abejas para tomar un poco de su miel. Las abejas, conmovidas por la situación de Gustavo, le dieron una pequeña jarra llena de su miel dorada.

Finalmente, se dirigieron al lago donde vivía el Dragón Azul. El dragón era una criatura majestuosa, con escamas que brillaban como el zafiro. Ana explicó la situación y el dragón, comprensivo y amable, dejó caer una lágrima en un frasco que Ana sostenía.

Con todos los ingredientes en mano, Ana y Gustavo regresaron a la casita de la Bruja Buena. Ella mezcló los ingredientes con habilidad y preparó el ungüento mágico. Luego, aplicó el ungüento en la rodilla de Gustavo.

—Este ungüento necesitará un día para hacer efecto. Mañana te sentirás mucho mejor —dijo la Bruja Buena.

Ana y Gustavo agradecieron a la Bruja Buena y se dirigieron de vuelta a Pequeñolandia. Gustavo, aunque aún sentía un poco de dolor, ya notaba una leve mejoría. Esa noche, durmió profundamente y sin molestias.

A la mañana siguiente, Gustavo se despertó y, para su sorpresa, el dolor había desaparecido por completo. Podía mover su rodilla sin ningún problema. Feliz, se levantó y corrió hacia el pueblo, donde los habitantes lo recibieron con aplausos y vítores.

—¡Gracias, Ana! —dijo Gustavo, levantando a la niña en sus enormes manos—. ¡Has salvado mi rodilla!

Ana, sonriendo de oreja a oreja, respondió:

—No hay de qué, Gustavo. Siempre estaré aquí para ayudarte.

Desde aquel día, Gustavo volvió a ser el gigante alegre y servicial que siempre había sido, y Ana se convirtió en la heroína de Pequeñolandia. La amistad entre ellos se hizo aún más fuerte y juntos continuaron viviendo muchas más aventuras, siempre listos para enfrentar cualquier desafío.

Y así, en el pacífico pueblo de Pequeñolandia, la vida continuó llena de risas, magia y, por supuesto, las extraordinarias aventuras de Gustavo y su valiente amiga Ana.

# The Giant with a Sore Knee

In the peaceful town of Pequeñolandia, where the houses were tiny, and the fields stretched as far as the eye could see, lived a giant named Gustavo. Gustavo was not an ordinary giant; he was kind, gentle, and loved to help the inhabitants of Pequeñolandia with tasks that were simple for him but impossible for others, like picking apples from the tallest trees or lifting huge rocks.

However, one day Gustavo started to have a problem. While walking through the forest, he felt a sharp pain in his right knee. At first, he thought it was something temporary, but the pain did not go away. Worse still, it intensified. Gustavo began to limp and found it difficult to move. The inhabitants of Pequeñolandia were very worried because Gustavo was their friend and protector.

One morning, little Ana, a brave and curious girl, decided something had to be done. She put on her adventurer's cap, took her backpack, and headed to Gustavo's cave.

"Hello, Gustavo!" Ana said cheerfully. "I've come to help you with your knee."

Gustavo, grimacing in pain, smiled at Ana.

"Thank you, Ana. I've tried everything, but nothing seems to work. I can't even walk without terrible pain."

Ana thought for a moment and then had an idea.

"Gustavo, would you like to come with me to see the Good Witch of the Forest? She is very wise and might have a remedy for your knee."

Gustavo, though somewhat reluctant at first due to the pain, agreed. Ana and Gustavo set off for the Enchanted Forest, where the Good Witch lived. The journey was difficult for Gustavo, but Ana's company gave him strength.

Upon arriving at the Enchanted Forest, they found the Good Witch's little house, surrounded by magical flowers that glowed with their own light. Ana knocked on the door and, after a few moments, an elderly woman with a warm smile appeared.

"Ana, dear! What brings you here?" asked the Good Witch.

"Good Witch, we've come for help. Gustavo has terrible knee pain, and we don't know what to do."

The Good Witch observed Gustavo carefully and then nodded.

"I understand. Come in, please."

Inside the cozy little house, the Good Witch began searching through her jars and ancient books. Finally, she pulled out a dusty book titled "Remedies for Giants." She opened it to a specific page and began to read aloud.

"To heal a giant's knee, a special ointment made from three rare ingredients is needed: mountain moss, honey from golden bees, and a tear from the Blue Dragon."

Ana, always ready for an adventure, immediately volunteered.

"We'll get those ingredients!"

The Good Witch smiled and gave them a detailed map of where to find each of the ingredients. Ana and Gustavo set off on their journey without wasting any time.

First, they headed to the mountains to find the special moss. The mountains were high and steep, but Gustavo, despite the pain, managed to climb with Ana's help. They found the moss glowing on a rock and carefully collected it.

Then, they went to the meadow where the golden bees lived. The bees were enormous, and their honey was famous for its healing properties. Ana, very carefully, approached a hive and asked the bees for some of their honey. The bees, moved by Gustavo's situation, gave her a small jar full of their golden honey.

Finally, they headed to the lake where the Blue Dragon lived. The dragon was a majestic creature with scales that shone like sapphires. Ana explained the situation, and the dragon, understanding and kind, let a tear fall into a vial that Ana held.

With all the ingredients in hand, Ana and Gustavo returned to the Good Witch's little house. She skillfully mixed the ingredients and prepared the magical ointment. Then, she applied the ointment to Gustavo's knee.

"This ointment will need a day to take effect. Tomorrow, you will feel much better," said the Good Witch.

Ana and Gustavo thanked the Good Witch and headed back to Pequeñolandia. Gustavo, although still feeling a little pain, already noticed a slight improvement. That night, he slept deeply and without discomfort.

The next morning, Gustavo woke up and, to his surprise, the pain had completely disappeared. He could move his knee without any problem. Happy, he got up and ran towards the village, where the inhabitants welcomed him with applause and cheers.

"Thank you, Ana!" said Gustavo, lifting the girl in his huge hands. "You've saved my knee!"

Ana, smiling from ear to ear, replied:

"You're welcome, Gustavo. I'll always be here to help you."

From that day on, Gustavo returned to being the cheerful and helpful giant he had always been, and Ana became the heroine of Pequeñolandia. The friendship between them grew even stronger, and together they continued living many more adventures, always ready to face any challenge.

And so, in the peaceful town of Pequeñolandia, life continued full of laughter, magic, and, of course, the extraordinary adventures of Gustavo and his brave friend Ana.

# El Ratón Pintor y su Gran Aventura en Ratonia

En el pintoresco pueblo de Ratonia, donde las calles eran estrechas y los techos de las casas estaban adornados con flores, vivía un pequeño ratón llamado Miguel. Miguel no era un ratón común y corriente; él tenía un gran sueño y una pasión insaciable: pintar.

Miguel pasaba sus días buscando lugares inspiradores en el pueblo para plasmar en sus lienzos. Usaba su pequeña cola como pincel y mezclaba colores en diminutas paletas hechas de hojas secas. Pero aunque sus pinturas eran hermosas, Miguel deseaba que todos los ratones de Ratonia las vieran y las disfrutaran.

Un día, mientras pintaba un atardecer desde el tejado de la panadería, Miguel escuchó a dos ratones hablando sobre una gran exposición de arte que se celebraría en el centro del pueblo. La exposición atraía a artistas de todas partes, y Miguel sintió que esta era su oportunidad de mostrar su talento.

Decidido, Miguel empacó sus mejores obras en una pequeña mochila y se dirigió al centro del pueblo. Al llegar, se encontró con una multitud de ratones, todos ansiosos por ver las obras de arte. Los estands estaban llenos de pinturas y esculturas impresionantes, y Miguel empezó a sentirse nervioso.

Mientras caminaba entre la multitud, un ratón grande y elegante llamado Don Arturo lo detuvo.

—¿Qué traes ahí, pequeño? —preguntó Don Arturo, mirando la mochila de Miguel.

—Son mis pinturas —respondió Miguel tímidamente—. Me gustaría mostrarlas en la exposición.

Don Arturo sonrió y le hizo un gesto a Miguel para que lo siguiera. Lo llevó a un pequeño estand vacío.

—Puedes exhibir tus pinturas aquí —dijo amablemente Don Arturo—. Estoy seguro de que a los demás les encantarán.

Miguel montó rápidamente su exposición y, para su sorpresa, pronto se formó una fila de ratones curiosos. Todos admiraban sus pinturas y comentaban lo originales y coloridas que eran. Pero justo cuando Miguel empezaba a sentirse confiado, algo inesperado sucedió.

Una ráfaga de viento fuerte levantó sus pinturas y las esparció por todo el lugar. Miguel trató de correr tras ellas, pero eran demasiadas. Desesperado, vio cómo sus preciosas obras volaban hacia el bosque cercano.

Sin pensarlo dos veces, Miguel decidió ir en busca de sus pinturas. Corrió a través del pueblo y entró en el bosque. Aunque era un lugar desconocido y un poco aterrador, Miguel sabía que no podía abandonar su sueño.

Mientras buscaba entre los arbustos y los árboles, escuchó una voz suave y melodiosa.

—¿Estás buscando algo? —preguntó la voz.

Miguel giró y vio a una ratoncita blanca con un lazo rosa en la cabeza. Ella sostenía una de sus pinturas en las manos.

—Sí, estoy buscando mis pinturas —respondió Miguel—. El viento las llevó hasta aquí.

—Soy Clara —dijo la ratoncita, sonriendo—. He encontrado algunas de tus pinturas. Son hermosas. Déjame ayudarte a buscar las demás.

Juntos, Miguel y Clara recorrieron el bosque, encontrando las pinturas una por una. Cada vez que recuperaban una, Clara la miraba con admiración y comentaba lo talentoso que era Miguel.

Finalmente, encontraron la última pintura atrapada en la rama de un árbol alto. Clara, siendo más ágil, trepó y la recuperó. Con todas las pinturas en sus manos, regresaron a Ratonia.

Cuando llegaron al pueblo, la exposición de arte estaba por terminar, pero Don Arturo los recibió con una gran sonrisa.

—¡Has vuelto! —exclamó—. ¿Pudiste recuperar tus pinturas?

—Sí, gracias a Clara —dijo Miguel, agradecido.

Don Arturo miró a Clara y luego a las pinturas.

—Parece que has encontrado algo más que tus pinturas, pequeño —dijo con una sonrisa—. Has encontrado una amiga.

Miguel y Clara montaron de nuevo la exposición, y esta vez, con la ayuda de Don Arturo, pudieron asegurar las pinturas para que el viento no las volviera a llevar. Los ratones que aún estaban en la exposición quedaron maravillados con las obras de Miguel.

Al final del día, Miguel había vendido todas sus pinturas y ganado el respeto y la admiración de todos en Ratonia. Pero lo más importante, había encontrado una amiga fiel en Clara, quien siempre lo apoyaría en sus aventuras artísticas.

Desde ese día, Miguel y Clara pintaron juntos, exploraron nuevos lugares en busca de inspiración y vivieron muchas aventuras, siempre con pinceles en mano y sonrisas en sus rostros.

Y así, en el pintoresco pueblo de Ratonia, la vida continuó llena de colores, arte y, por supuesto, las extraordinarias aventuras de Miguel, el ratón pintor, y su amiga Clara.

# The Painter Mouse and His Great Adventure in Ratonia

In the picturesque town of Ratonia, where the streets were narrow and the rooftops were adorned with flowers, lived a small mouse named Miguel. Miguel was not an ordinary mouse; he had a big dream and an insatiable passion: painting.

Miguel spent his days searching for inspiring places in the town to capture on his canvases. He used his little tail as a brush and mixed colors on tiny palettes made of dried leaves. Though his paintings were beautiful, Miguel wished that all the mice in Ratonia could see and enjoy them.

One day, while painting a sunset from the bakery's rooftop, Miguel overheard two mice talking about a big art exhibition being held in the town center. The exhibition attracted artists from all over, and Miguel felt this was his chance to showcase his talent.

Determined, Miguel packed his best works into a small backpack and headed to the town center. Upon arrival, he found a crowd of mice, all eager to see the artworks. The stands were filled with impressive paintings and sculptures, and Miguel began to feel nervous.

As he walked through the crowd, a large and elegant mouse named Don Arturo stopped him.

"What do you have there, little one?" asked Don Arturo, eyeing Miguel's backpack.

"They're my paintings," replied Miguel shyly. "I'd like to show them at the exhibition."

Don Arturo smiled and gestured for Miguel to follow him. He led him to a small empty stand.

"You can display your paintings here," he said kindly. "I'm sure others will love them."

Miguel quickly set up his exhibition, and to his surprise, a line of curious mice soon formed. Everyone admired his paintings, commenting on how original and colorful they were. But just as Miguel was beginning to feel confident, something unexpected happened.

A strong gust of wind lifted his paintings and scattered them everywhere. Miguel tried to run after them, but there were too many. Desperate, he watched as his precious works flew towards the nearby forest.

Without a second thought, Miguel decided to go after his paintings. He ran through the town and into the forest. Although it was an unfamiliar and somewhat scary place, Miguel knew he couldn't abandon his dream.

As he searched among the bushes and trees, he heard a soft, melodious voice.

"Are you looking for something?" the voice asked.

Miguel turned to see a white mouse with a pink bow on her head. She was holding one of his paintings in her hands.

"Yes, I'm looking for my paintings," replied Miguel. "The wind carried them here."

"I'm Clara," said the mouse, smiling. "I've found some of your paintings. They're beautiful. Let me help you find the rest."

Together, Miguel and Clara scoured the forest, finding the paintings one by one. Each time they recovered one, Clara admired it and praised Miguel's talent.

Finally, they found the last painting caught in the branch of a tall tree. Clara, being more agile, climbed up and retrieved it. With all the paintings in hand, they returned to Ratonia.

When they reached the town, the art exhibition was about to end, but Don Arturo greeted them with a big smile.

"You're back!" he exclaimed. "Were you able to recover your paintings?"

"Yes, thanks to Clara," said Miguel gratefully.

Don Arturo looked at Clara and then at the paintings.

"It seems you've found more than just your paintings, little one," he said with a smile. "You've found a friend."

Miguel and Clara set up the exhibition again, and this time, with Don Arturo's help, they secured the paintings so the wind wouldn't carry them away again. The remaining mice at the exhibition were amazed by Miguel's works.

By the end of the day, Miguel had sold all his paintings and earned the respect and admiration of everyone in Ratonia. But most importantly, he had found a loyal friend in Clara, who would always support him in his artistic adventures.

From that day on, Miguel and Clara painted together, explored new places for inspiration, and lived many adventures, always with brushes in hand and smiles on their faces.

And so, in the picturesque town of Ratonia, life continued full of colors, art, and, of course, the extraordinary adventures of Miguel, the painter mouse, and his friend Clara.